BETON-DEKO

VOM *Kerzenständer* BIS ZUM *Beistelltisch*

CREATISSIMO
EINFACH.SELBER.MACHEN.

EMF

EIN BUCH DER
EDITION MICHAEL FISCHER

Bibliografische Information der Deutschen Bibliothek.

Die Deutsche Bibliothek verzeichnet diese Publikation in der deutschen Nationalbibliografie.

Detaillierte bibliografische Daten sind im Internet über http://www.d-nb.de/ abrufbar.

EIN BUCH DER EDITION MICHAEL FISCHER

1. Auflage 2016

Covergestaltung und Layout: Ilona Molnár und Sarah Alsgut
Satz: Sarah Alsgut
Fotos: Johanna Rundel
Redaktion und Lektorat: Natascha Mössbauer

ISBN 978-3-86355-618-1

Printed in Slovakia

www.emf-verlag.de

VORWORT

Deko-Objekte aus Beton selbst herstellen - ist das nicht total schwer? Bevor ich dieses Buch gemacht habe, dachte ich das auch. Ich hatte mich mit dem Thema Beton noch nie wirklich auseinandergesetzt. Beton als Werkstoff fand ich super spannend, aber so richtig herangetraut habe ich mich nicht. Das macht sicher viel Arbeit, und dann das Geklecker und all der Dreck!

Für das Buch habe ich mich also ein halbes Jahr lang ausgiebig mit Beton beschäftigt. Ich habe viel experimentiert, geflucht, aber auch gejubelt, und war immer stolz wie Bolle, wenn ich wieder ein Objekt „ausschalen" konnte. Und ich kann euch beruhigen: Mit Beton zu arbeiten ist gar nicht so schwer!

So manche Kleckerei gibt es aber schon! Einmal ist mir eine meiner Papierformen geplatzt, weil ich diese nicht zur Stabilisierung in Sand gebettet hatte, und mein gesamter Arbeitstisch war mit Betonmasse geflutet! Dann muss man schnell sein und alles wegwischen, bevor der Beton fest wird. Ein Wachstuch als Unterlage würde ich deshalb dringlichst empfehlen.

Am besten ihr fangt mit einem Einsteigerprojekt an und steigert nach und nach den Schwierigkeitsgrad. Außerdem ist es ratsam, alle Schritte vorher noch einmal zu durchdenken und die benötigten Materialien griffbereit zu haben. Ist die Form erst voll Beton und die Schrauben, die hineingesteckt werden sollen, liegen im Nebenzimmer, kann es passieren, dass der Beton bei der Rückkehr schon zu trocknen begonnen hat.

So, nun habe ich aber genug erzählt! Blättert euch durch das Buch, lasst euch inspirieren, probiert und experimentiert und lernt diesen tollen Werkstoff richtig kennen - denn dann kann er schnell zu eurem neuen DIY-Liebling werden!

Viel Spaß beim Betonieren wünscht euch

Johanna

BETON-BASICS

Grundausstattung

Folgende Utensilien solltet ihr für die Umsetzung der Projekte zur Hand haben:

Schnell-Estrich, Kreativ-Beton oder selbst angerührte Zement-Sand-Mischung

Baueimer zum Anrühren größerer Mengen

Plastikeimer oder Plastikschüssel für kleinere Mengen; Holzstab oder Löffel zum Umrühren

Gießkanne, mit sauberem Wasser gefüllt

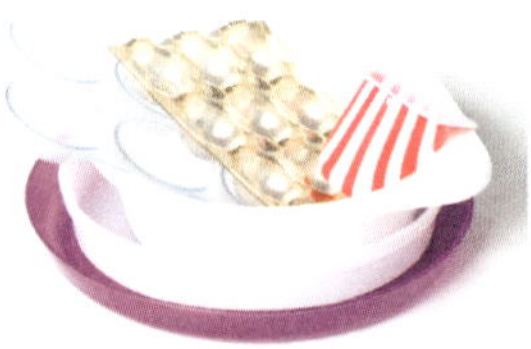

diverse saubere Plastik- und Silikonformen sowie gereinigte Joghurt- oder Buttermilchverpackungen

hochwertiges Malerkrepp und doppelseitiges Klebeband

Wachstuch o. Ä. zum Unterlegen

Milchtütenpapier oder alternativ Fotokarton, mit selbstklebender (wasserabweisender) Folie bezogen

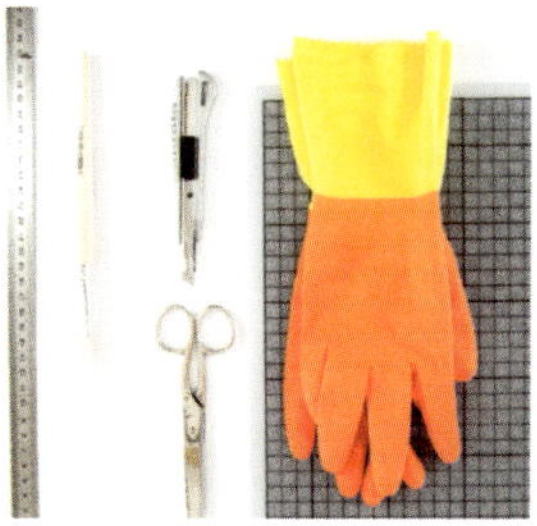

Cutter, Lineal, Schneideunterlage, Schere, Pinsel, Gummihandschuhe

Gut zu Wissen:

- Schnell-Estrich (z. B. Estrich-Beton oder Zementmörtel) besteht aus Zement inklusive Zuschlag (Sand oder Kies) und ist als Fertigprodukt zu kaufen.
- Je feiner der Zuschlag, desto feiner wird später auch die Oberfläche.
- Natürlich könnt ihr euren Beton aus Zement und Sand auch einfach selbst anmischen: Dabei empfehle ich ein Mischungsverhältnis von 1:2. Auf eine Einheit Zement (Tasse, Schaufel etc.) kommen zwei entsprechende Einheiten Sand. Wenn ihr mehrere größere Objekte herstellen wollt, lohnt sich der Kauf von ganzen Zementsäcken.

GRUNDANLEITUNG

1. Lest euch die Projektanleitung einmal komplett durch und durchdenkt die einzelnen Arbeitsschritte. Erstellt zuerst die Gussformen, falls das Projekt diese beinhaltet. Bereitet dann euren Arbeitsplatz vor: Legt ein Wachstuch oder eine Plane unter, stellt alle benötigten Materialien bereit und zieht euch Handschuhe über.

2. Für kleine Projekte gebt ganz wenig Wasser in eine Rührschüssel, für größere mehr Wasser in einen Baueimer.

3. Gebt dann so viel Schnell-Estrich oder Eigenmischung dazu, dass eine sämige, glatte Masse entsteht, deren Konsistenz ähnlich wie Sahnejoghurt ist. Dabei ständig rühren - es dürfen keine Klümpchen bleiben. Wichtig dafür: Immer den Estrich ins Wasser geben und nicht umgekehrt!

4. Gießt den Zementleim in die bereitgestellte Form. Rüttelt und schüttelt diese ein wenig, um Luftblasen zu entfernen.

5. Wenn in der Anleitung angegeben, drückt ihr, sobald der Beton beginnt fest zu werden, die zweite Form in die erste und beschwert diese mit Sand, Wasser oder Ähnlichem. Ein Fixieren mit Malerkrepp kann sehr hilfreich sein.

6. Jetzt muss der „Gießling" aushärten. In all meinen Projekten verwende ich Schnell-Estrich. Dieser bindet zügig ab (= erstarren) und die Objekte lassen sich schon nach wenigen Stunden aus der Form lösen. Prinzipiell würde ich raten, immer mindestens 24 Stunden mit dem Ausschalen zu warten. Danach muss der Beton noch einige Tage trocknen, bevor man ihn z. B. anmalen kann.

Gut zu Wissen:

- Die größte Herausforderung ist das Anmischen der richtigen Konsistenz! Mit zu viel Wasser fließt alles davon, bei zu wenig gießt es sich nicht mehr richtig und es bleiben Hohlräume und Blasen. Hier hilft nur Ausprobieren und Experimentieren!

- Beton ist sehr alkalisch und deswegen nicht besonders gut für eure Haut. Tragt bei der Arbeit deshalb immer Handschuhe. Zur Verdeutlichung der einzelnen Schritte trage ich auf den Bildern keine Handschuhe.

- Arbeitet möglichst draußen: Da ist es nicht so schlimm, wenn mal was daneben geht, und der Staub kann sich besser verflüchtigen.

- Extreme Temperaturen können den Abbindeprozess des Betons beeinflussen. Beim Abbinden selbst wird der Beton warm – das ist völlig normal!

- Wird der Beton z. B. in eine Papierform gegossen, entzieht das Papier dem Beton schneller das Wasser, die Oberfläche wird dann poröser. Verwendet deshalb Milchtütenpapier, welches wasserdicht beschichtet ist.

- Silikonspray oder neutrales Pflanzenöl eignen sich optimal als Trennmittel zum Einstreichen der Betonformen.

HEXAGON

Diese Teelichter treten besonders gerne in Gruppen auf. Unterschiedliche Höhen und Farben und eine passende Kupferblechhülle machen das Ensemble zu einem echten Hingucker!

★★

Material

- Schnell-Estrich, Wasser
- Holzstab, Rührschüssel
- Milchtütenpapier
- Cutter, Lineal, Schneideunterlage, Schere, Malerkrepp, doppelseitiges Klebeband
- Klopapierrollen, dünnes Kupferblech
- Wasserfarben, Pinsel
- Vorlage für die Form, zum Download unter www.emf-verlag.de/beton

1

2

1. Druckt euch die Sechseck-Vorlage für den Boden der Kerzen aus. Danach klebt ihr diese mit etwas Malerkrepp auf das Milchtütenpapier und schneidet das Sechseck mit Cutter und Lineal exakt aus. Schneidet zusätzlich aus dem Milchtütenpapier ein Rechteck aus. Die Breite der Form beträgt 23 cm. Die Länge hängt von der später gewünschten Höhe des Teelichthalters ab: gewünschte Höhe + 1 cm. Meine gestalteten Kerzenhalter beispielsweise sind 12 cm, 8 cm und 6 cm hoch. Ritzt parallel zur Längsseite (Höhe) mit Cutter und Lineal sechs Linien in jeweils 3,5 cm Abstand ein. Euer Rechteck ist jetzt in sechs 3,5 cm breite Streifen sowie einen 2 cm breiten Streifen unterteilt. Dieser Streifen wird eure spätere Klebefläche, mit der ihr das Sechseck zusammenfügt. Ritzt danach parallel zur Breitseite (23 cm) noch eine Linie mit 1 cm Abstand zum Rand. Schneidet anschließend jede der vorher angelegten Längsritzungen bis zu dieser Linie ein. Diese Laschen halten später den Boden.

2. Knickt die Streifen zu einem Sechseck. Achtet darauf, dass die 2-cm-Lasche außen liegt. Klebt diese mit Malerkrepp an der Außenseite fest. Klappt anschließend die kleinen Laschen nach innen. Setzt den Boden hinein und klebt die Laschen wiederum von außen mit Malerkrepp an den Boden.

3

Tipp

Auch ohne Kupferblechhülle sehen die Teelichthalter ganz prima aus. Am besten wirken sie dann in einer großen Gruppe eng aneinanderstehend drapiert.

3. Jetzt nehmt ihr die Klopapierrolle, stellt diese auf ein kleines Stück Milchtütenpapier und zeichnet den Umriss ab. Zeichnet um den Kreis einen weiteren, bei dem der Durchmesser 1 cm größer ist, und schneidet diesen aus. Dann schneidet ihr das Papier mit der Schere vom äußeren Kreisrand bis zum kleineren Kreis in kleinen Abständen ein. Diese Laschen klappt ihr nun nach innen und steckt den Kreis als Boden unten in die Klopapierrolle. Mit Malerkrepp umwickeln und diesen unten ca. 1 cm überstehen lassen. Ebenfalls Laschen schneiden, auf den Boden klappen und festdrücken.

4. Den Beton nach Packungsangaben anrühren und die Sechseckform damit zu ¾ ausgießen. Die Klopapierrolle dann mittig in den Beton drücken und mit Malerkrepp fixieren, damit sie nicht wieder herausgedrückt wird.

5. Nach dem Aushärten die Form entfernen und den Kerzenhalter nach Belieben mit Wasserfarben bemalen.

6. Den Kerzenhalter auf das Kupferblech stellen und die Sechseckform abzeichnen. An jeder Seite 2 cm zugeben und dann ausschneiden. Seitlich bis zur abgezeichneten Sechseckform einschneiden, erneut den Kerzenständer auf das Blech stellen und die Seiten hochklappen. Überstehendes Blech abschneiden.

7. Dann schneidet ihr noch einen Streifen von 2,5 cm Höhe und ca. 21 cm Breite zu. Diesen klebt ihr außen mit doppelseitigem Klebeband rund um die hochgeklappten Bodenteile.

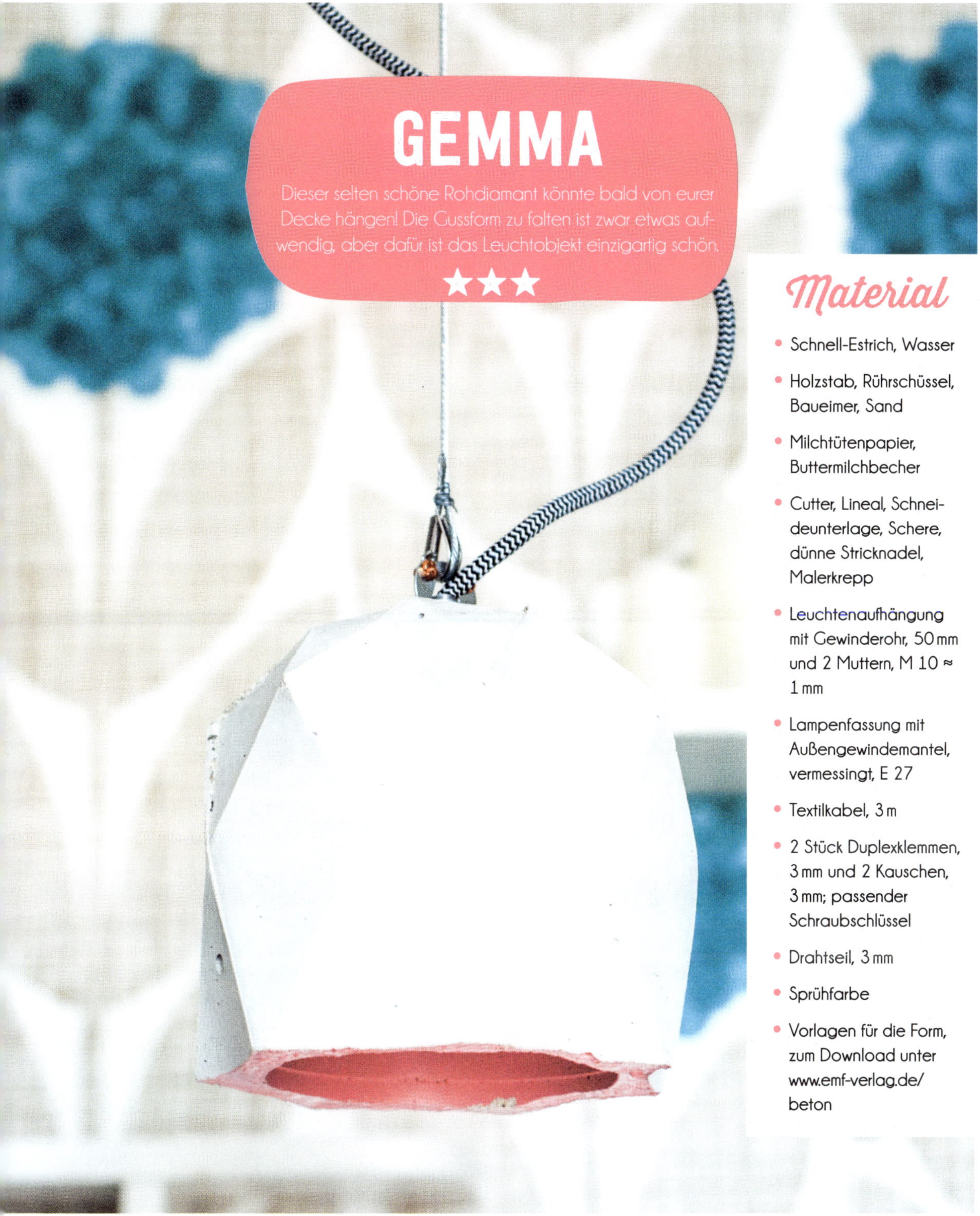

GEMMA

Dieser selten schöne Rohdiamant könnte bald von eurer Decke hängen! Die Gussform zu falten ist zwar etwas aufwendig, aber dafür ist das Leuchtobjekt einzigartig schön.

★★★

Material

- Schnell-Estrich, Wasser
- Holzstab, Rührschüssel, Baueimer, Sand
- Milchtütenpapier, Buttermilchbecher
- Cutter, Lineal, Schneideunterlage, Schere, dünne Stricknadel, Malerkrepp
- Leuchtenaufhängung mit Gewinderohr, 50 mm und 2 Muttern, M 10 ≈ 1 mm
- Lampenfassung mit Außengewindemantel, vermessingt, E 27
- Textilkabel, 3 m
- 2 Stück Duplexklemmen, 3 mm und 2 Kauschen, 3 mm; passender Schraubschlüssel
- Drahtseil, 3 mm
- Sprühfarbe
- Vorlagen für die Form, zum Download unter www.emf-verlag.de/beton

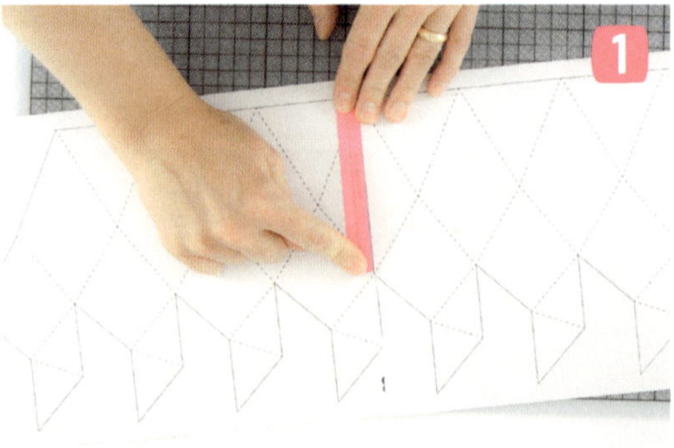

1. Druckt euch die Vorlagen aus und klebt sie an der eingezeichneten Stelle aufeinander. Legt die Kopien auf das Milchtütenpapier und fixiert sie mit etwas Malerkrepp darauf. Nehmt das Lineal und zieht mit der Stricknadel die gestrichelten Linien nach - so sind sie zum späteren Falten vorgefalzt. Danach schneidet ihr den Umriss mithilfe des Lineals und eines Cutters aus.

2. Knickt alle Linien einmal vor und klebt dann mit Malerkrepp die Seiten aneinander. Danach wird oben die Kuppel geschlossen, dafür ebenfalls mit Malerkrepp die Spitzen sternförmig zusammenbringen. In das oben entstandene Loch das Gewinderohr setzen und mit ordentlich Kreppband von außen abdichten.

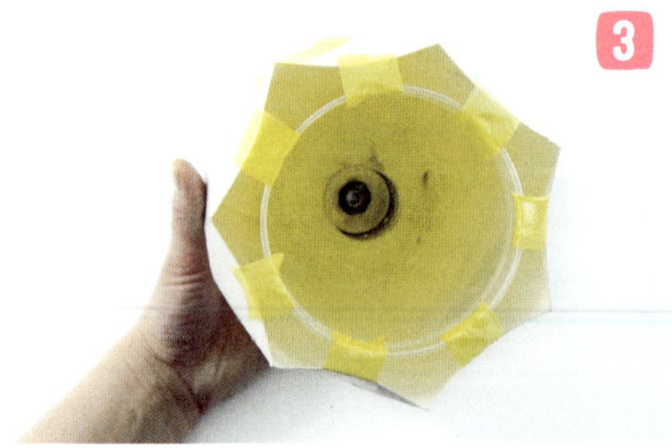

3. Schneidet nun in den Boden des Buttermilchbechers ein Loch und steckt diesen in der Form auf das Gewinderohr. Zwischen äußerer Form und Becher sollte ein Luftraum von ca. 1,5 cm bleiben. Zieht mit Malerkrepp die Seiten der Form in Richtung Becher, sodass alle Seiten den gleichen Abstand zur inneren Form haben.

4. Bedeckt anschließend den Boden eines Baueimers mit Sand, setzt die Form darauf und füllt den Rest mit Sand auf, bis die Form sicher und fest im Sand steckt. Das verhindert, dass sie beim Hineingießen des schweren Betons aufplatzt.

5. Rührt den Beton nach Packungsanweisung an und gebt ihn ganz vorsichtig und langsam in den Zwischenraum zwischen äußerer und innerer Form. Immer mal wieder ein bisschen rütteln, damit der Beton nachrutscht und sich verdichtet. Bis zum oberen Rand auffüllen. Lasst den Beton zwei bis drei Tage härten, dann könnt ihr die Lampe aus der Schalung pellen. Falls ihr es ein bisschen bunter mögt, sprüht den Innenteil und den Rand der Lampe noch farbig an.

6. Nun zieht ihr das Textilkabel so weit durch das Gewinderohr, dass man es vorne gut bearbeiten kann. Isoliert die einzelnen Kabel ab und schließt sie an der Lampenfassung an. Am sichersten ist es, wenn man das vom Fachmann machen lässt! Die Lampenfassung anschließend mit den Muttern innen am Gewinderohr festschrauben. Am äußeren Stück des Gewinderohrs wird die Leuchtenaufhängung festgedreht.

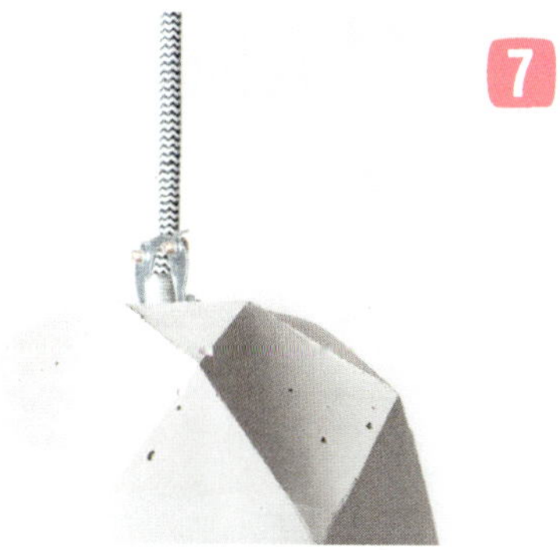

7. Nehmt eine der Kauschen und befestigt diese direkt an der Leuchtenaufhängung. Wickelt das Drahtseil an einem Ende um die Kausche, steckt es in die Duplexklemme und zieht diese mithilfe des Schraubschlüssels fest. Messt den gewünschten Abstand zur Decke und bastelt am anderen Ende des Seils ebenfalls eine solche Öse. Befestigt das Drahtseil mit Lampe an einem Haken oder Ähnlichem an der Decke. Das Textilkabel kann nun elegant mehrmals um das Drahtseil drapiert werden.

Tipp

Diese Lampe sollte auf keinen Fall an ihrem Kabel aufgehängt werden – dafür ist sie zu schwer!

WOODY

Einfach mal abhängen! Zum Beispiel an einem schnieken Ast, wie diese schlichte Betonleuchte mit Urban-Jungle-Charme.

★★★

Material

- Schnell-Estrich, Wasser
- Holzstab, Rührschüssel, breites Plastik- oder Glasgefäß
- breiter Joghurtbecher, 1 kg; Buttermilchbecher, 500 ml
- Leuchtenaufhängung mit Gewinderohr, 50 mm und 2 Muttern, M 10 ≈ 1 mm
- Lampenfassung mit Außengewindemantel, vermessingt, E 27
- Textilkabel, 3 m
- trockener Ast mit Astgabel
- Panzerkette, 50 cm
- Ringmutter, M 10
- Schlüsselring, Isolier-Schraubendreher, Cutter, Zange, Gehrungssäge, kleine Schraube, kleiner Haken, Malerkrepp
- Bohrmaschine

1. Zunächst müsst ihr sowohl in den Joghurt- als auch in den Buttermilchbecher mit dem Cutter ein kleines x mittig in den Boden schneiden. Dann steckt ihr das Gewinderohr durch das x des Buttermilchbechers und dichtet es von innen mit Malerkrepp ab. Dann den Joghurtbecher ebenfalls auf das Gewinderohr darüber stecken und von oben abdichten.

2. Setzt diese Gussform auf ein Gefäß, sodass das Gewinderohr unten frei heraussteht. Rührt den Beton nach Packungsanweisung an und gießt die Form damit aus. Ein bisschen rütteln und klopfen, damit sich die Blasen lösen. Nach dem Trocknen könnt ihr den Guss aus der Form lösen, dafür schneidet ihr die Seiten der Becher ein und zieht das Plastik einfach vom Beton.

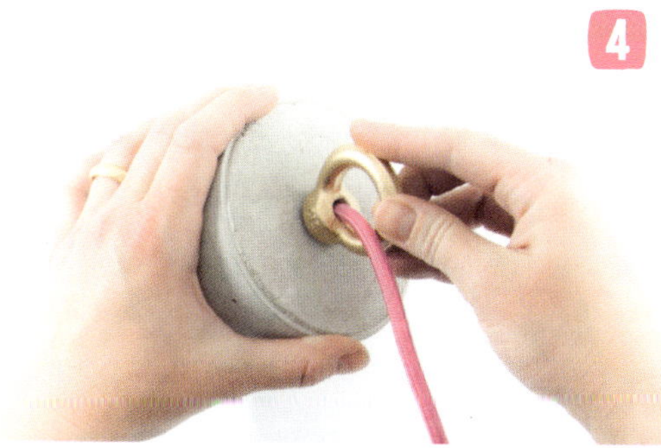

3. Nun zieht ihr das Textilkabel so weit durch das Rohr, dass man es vorne gut bearbeiten kann. Isoliert die einzelnen Kabel ab und schließt sie an der Lampenfassung an. Am sichersten ist es, wenn man das vom Fachmann machen lässt! Die Lampenfassung anschließend mit den Muttern innen am Gewinderohr festdrehen.

4. Die Ringmutter auf das Textilkabel auffädeln und oben am Gewinderohr festschrauben. Daran wird anschließend die Lampe aufgehängt.

5. Halbiert anschließend den Ast mit einer Gehrungssäge in Längsrichtung, sodass eine flache Auflagefläche entsteht. In diese bohrt ihr oben und unten je ein Loch. Vorne am abstehenden Ast dreht ihr mit dem Schraubendreher eine kleine Schraube ein. Den Ast könnt ihr dann, je nach Beschaffenheit der Wand, mithilfe der Aufhängelöcher befestigen.

6. Jetzt müsst ihr die Panzerkette mit der Zange auf die gewünschte Länge kürzen. Oben in die Kette den Schlüsselring einhängen und unten einen kleinen Haken daranhängen. Hängt den Ring an die Schraube und unten in den Haken die Ringmutter mit der Lampe.

7. Nun könnt ihr das Textilkabel noch kunstvoll um den Ast und die Panzerkette wickeln. Fertig!

Tipp

Ihr dürft Lampen NIE am Kabel aufhängen! Vor allem nicht, wenn sie so schwer sind wie diese.

DRAWER DIAMONDS

Beton-Edelsteine machen aus einer 08/15-Kommode ein echtes Schmuckstück! Angemalt oder einfach ganz natürlich geben sie alten Möbeln einen neuen Look.

★

Material

- Schnell-Estrich, Wasser
- Holzstab, Rührschüssel
- Edelstein-Eiswürfelformen aus Silikon oder andere kleine Silikonformen
- Schrauben
- feines Schleifpapier
- Acrylfarbe, Pinsel

1. Beton nach Packungsanweisung anrühren und die einzelnen Edelsteinformen damit ausgießen. Auch eckige Eiswürfelformen oder Teelichthüllen aus Aluminium eignen sich hierfür als Gussformen.

2. Sobald der Beton beginnt fest zu werden, steckt ihr in jede Form, möglichst senkrecht mit dem Kopf voran, eine Schraube. Den Beton anschließend gut durchtrocknen lassen.

3

3. Danach könnt ihr alle Betonedelsteine aus den Formen lösen und scharfe Kanten oder Splitterungen mit Schleifpapier abschmirgeln. Wer mag, pinselt die Möbelgriffe mit Acrylfarbe noch bunt an.

Tipp

Alternativ dazu lassen sich auch schnell und einfach schicke Tischdeckenbeschwerer für draußen zaubern: Einfach Gardinenklemmen anstelle der Schrauben in die Betonformen stecken, durchtrocknen lassen, anmalen – fertig!

HAUSBESUCH

Diese kleinen Steinhäuschen halten eure Bücher in Ordnung oder dienen als wunderhübsche Deko für die Fensterbank. Schwarzer oder farbiger Tafellack machen sie zu einem echten Hingucker!

★★

Material

- Schnell-Estrich, Wasser
- Holzstab, Rührschüssel
- Milchtütenpapier
- Cutter, Lineal, Schneideunterlage, Schere, doppelseitiges Klebeband, Malerkrepp, feines Schleifpapier
- Tafellack, Farbroller
- Vorlage für die Form, zum Download unter www.emf-verlag.de/beton

1. Für die Häuschen müsst ihr zunächst entweder die Vorlage ausdrucken oder euch ein eigenes Häuschen zeichnen. Schneidet den Umriss dann aus Milchtütenpapier aus. Anschließend schneidet ihr noch einen ca. 6 cm breiten und 1 m langen Streifen aus dem Papier.

2. Als nächstes legt ihr den Streifen um den Umriss des Hauses und falzt an den Ecken die Kanten schön gerade. Dann legt ihr den Streifen wieder flach hin, nehmt den Cutter und ritzt an einer Längsseite im Abstand von 1 cm zum Rand eine Linie ein. An den Knickpunkten einschneiden und Anfang und Ende des Streifens zusammenkleben, sodass eine Hausform entsteht.

3. Den geritzten Rand nach innen knicken und das ausgeschnittene Papierhaus hineinlegen. Diesen „Boden" der Form mit Malerkrepp von außen am umgeknickten Randstreifen befestigen.

4. Wer mag, kann aus einem Reststreifen noch ein kleines Fenster falten. Dafür einfach ein Rechteck mit der gleichen Höhe wie die Seitenwand formen und mit Malerkrepp zusammenhalten. Mit etwas doppelseitigem Klebeband von innen an der gewünschten Stelle in der Form befestigen.

5. Beton nach Packungsanweisung anrühren und in die Form füllen. Mit ein paar Streifen Malerkrepp die gegenüberliegenden oberen Ränder der Form verspannen, sonst beulen die Häuser dort aus. Jetzt müsst ihr mindestens 24 Stunden warten, bis der Beton völlig ausgehärtet ist, danach das Milchtütenpapier einfach abziehen. Raue Stellen könnt ihr mit etwas feinem Schleifpapier glätten. Wer mag, malt die Häuschen jetzt noch mit Tafellack an.

SCHWER ANZIEHEND

Ob als Briefbeschwerer oder Büroklammern-Butler, dieser Rohdiamant macht auf jedem Schreibtisch eine gute Figur! Die eingegossenen Magnete lassen ihn so anziehend wirken, dass sich weder Stecknadel noch Heftklammer entziehen können.

★★

Material

- Schnell-Estrich, Wasser
- Holzstab, Rührschüssel
- Milchtütenpapier, Plastikbecher
- Cutter, Lineal, Schneideunterlage, Schere, Malerkrepp, feines Schleifpapier
- 12 kleine, starke Magnete
- Acrylfarbe, Pinsel
- Vorlage für die Form, zum Download unter www.emf-verlag.de/beton

1. Zuerst druckt ihr euch die Diamanten-Vorlage aus. Diese klebt ihr dann mit etwas Malerkrepp auf das Milchtütenpapier. Mit Cutter und Lineal ritzt ihr zunächst die gestrichelten Linien leicht ein, so lässt sich die Form später prima falten. Danach schneidet ihr die Umrisse sorgfältig aus.

2. Als nächstes faltet ihr den Diamanten zusammen und klebt die Seiten mit dem Malerkrepp präzise aneinander. Lasst nur den Deckel offen, um anschließend den Beton hineinzufüllen.

3. Beton nach Packungsanweisung anrühren und etwas davon in den Diamanten füllen. Drehen und wenden, bis alle Seiten mit Beton bedeckt sind. Den Diamanten mit der Spitze nach unten in einen Plastikbecher setzen.

4. An alle sechs Seiten von innen einen Magneten heften und von außen mit je einem weiteren Magneten fixieren - so rutschen die Magnete nicht herunter. Danach füllt ihr die Diamant-Form randvoll mit Beton und schließt den Deckel.

5. Jetzt müsst ihr mindestens 24 Stunden warten, bis der Beton völlig ausgehärtet ist. Dann könnt ihr das Milchtütenpapier einfach abziehen.

6. Scharfe Kanten oder raue Stellen könnt ihr anschließend noch mit etwas feinem Schleifpapier glätten. Wer mag, malt einzelne Flächen des Diamanten mit bunter Acrylfarbe an - für mehr Farbe am Arbeitsplatz!

HAVE A SEAT

Niemand wird euch glauben, dass ihr dieses wunderschöne Designerstück in wenigen Minuten selbst gegossen habt! Ob als Hocker, Beistelltisch oder Statement-Piece: Das Dreibein macht immer eine gute Figur.

★★

Material

- Schnell-Estrich, Wasser
- Holzstab, Rührschüssel, Baueimer mit glattem Boden
- Malerkrepp, Zeitungspapier
- 3 Rundhölzer, Ø 3 cm, je 40 cm lang
- Kapp- oder Gehrungssäge
- Sprühfarbe

1. Schneidet euch die Rundhölzer auf die richtige Länge zu. Am besten verwendet ihr dafür eine Kapp- oder Gehrungssäge. Ihr könnt auch eckige Kanthölzer verwenden, diese lassen den Hocker gleich viel rustikaler wirken. Oder ihr nehmt vier statt drei Beine - das sieht hinterher ebenso klasse aus!

2. Als nächstes rührt ihr den Beton in dem Eimer an, den ihr als Form benutzen wollt. Wenn der Beton leicht angezogen hat, steckt ihr in gleichmäßigem Abstand die drei Holzbeine hinein. Nicht direkt an den Rand, da der Beton sonst später ausbrechen kann. Genau einstellen und mindestens drei Tage trocknen lassen.

3. Wenn der Beton erhärtet ist, müsst ihr den Hocker aus seiner Form befreien. Dafür klopft ihr den Eimer mehrmals auf den Boden und rüttelt an den Beinen, bis sich der Beton aus dem Eimer löst.

4. Wer mag, kann einen Teil der Beine noch farbig akzentuieren. Klebt an der gewünschten Stelle eine Kante mit Malerkrepp ab und schützt den Rest des Hockers mit Zeitungspapier. Einfach mit Farbe ansprühen, gut durchtrocknen lassen, fertig!

MOKKA TABLE

Ein kleines, feines Beistelltischchen, das im wildromantischen Spitzen-Dekor daherkommt. Darauf fühlt sich sowohl Omas Sammeltasse als auch der frische Nana-Minztee ganz heimelig.

★★★

Material

- Schnell-Estrich, Wasser
- Holzstab, Plastikeimer, großer Plastikbottich mit glattem Boden
- Armierungsgitter, Zange
- Häkeldeckchen, Ø gleich Bottichboden
- Silikonspray
- kleines Nierentischchen

Tipp

Ihr könnt auch ein großes Rhabarberblatt statt des Spitzendeckchens als Oberflächenabdruck nehmen. Das sieht im Garten bestimmt super aus!

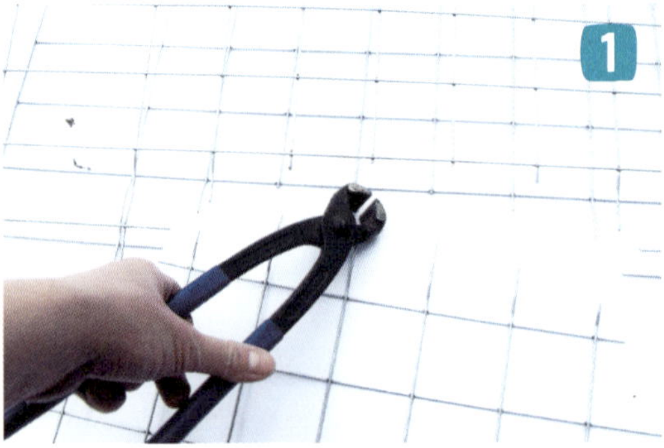

1. Schneidet mit der Zange aus dem Armierungsgitter einen Kreis, welcher einen etwas kleineren Durchmesser als der Boden des Bottichs hat.

2. Sprüht das Häkeldeckchen mit dem Silikonspray von allen Seiten sorgfältig ein. Später lässt es sich dann leichter aus dem Beton lösen.

3. Legt das Deckchen auf den Boden des Bottichs und stellt das Armierungsgitter und das Tischchen griffbereit daneben. Mischt den Beton nach Packungsanweisung an. Bedeckt den Boden des Bottichs mit Beton, dabei gut aufpassen, dass sich das Häkeldeckchen nicht verschiebt. Dann legt ihr das Armierungsgitter ein und gießt noch etwas Beton nach. Zum Schluss das Tischchen in die Mitte des Bottichs einlassen.

4. Den Mokka Table etwa drei Tage gut durchhärten lassen und dann vorsichtig aus dem Bottich lösen. Das Spitzendeckchen könnt ihr danach behutsam von der Oberfläche ziehen.

WOLKEN-GARDEROBE

Eine Wolke aus Beton? Ja, warum denn nicht! Dieses Schmuckstück hält deine Jacken und Schals garantiert im Zaum! Mit den bunten Knäufen ist die Garderobe ein fröhlicher Blickfang für Flur oder Kinderzimmer.

★★★

Material

- Schnell-Estrich, Wasser, Sand
- Holzstab, Rührschüssel, großer Plastikbottich mit glattem Boden
- Milchtütenpapier
- Cutter, Lineal, Schneideunterlage, Schere, Malerkrepp, zwei Strohhalme, feines Schleifpapier
- kleine Möbelknäufe aus Holz mit Schraube
- Sprühfarben
- Vorlage für die Form, zum Download unter www.emf-verlag.de/beton

1. Druckt euch die Vorlage für die Wolkenform aus oder zeichnet einfach selbst eine. Klebt diese mit etwas Malerkrepp auf ein passendes Stück Milchtütenpapier. Dann schneidet ihr die Kontur mit der Schere aus.

2. Anschließend schneidet ihr euch noch einen etwa 8 cm breiten Streifen Milchtütenpapier zurecht, der lang genug ist, um die gesamte Wolkenform nachzubilden. An einer Längsseite ritzt ihr mit dem Cutter in 1 cm Abstand zum Rand eine lange Kante ein. Mit der Schere immer wieder vom Rand bis zur Ritzkante einschneiden. Danach die Wolkenform mit dem Streifen umlegen und die Ecken falzen. Die kleinen Fransen in Richtung Wolkenboden einklappen.

3. Jetzt klebt ihr die Form mit Malerkrepp zusammen. Die Fransen liegen dabei immer außen, sodass die Oberfläche innen glatt bleibt. An der Stelle, wo der Anfang auf das Ende des Streifens trifft, schneidet ihr den Streifen gerade ab und dichtet die Nahtstelle anschließend sorgfältig mit Malerkrepp ab.

4. Damit sich die Form nicht auseinanderbiegt, sobald der Beton eingegossen wird, platziert ihr sie in einem Bett aus Sand. Dafür die Wolke in ein großes Gefäß (z. B. den Bottich vom Mokka Table auf Seite 25) legen und außen herum vorsichtig mit Sand auffüllen.

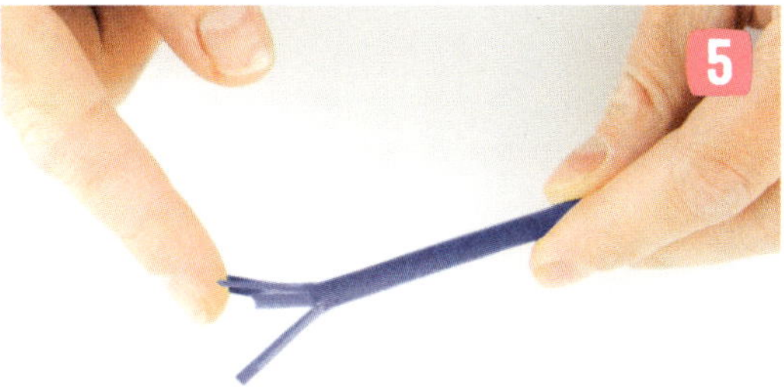

5. Zwei Strohhalme an einem Ende mehrmals einschneiden, die Fransen sternförmig auseinanderbiegen und die beiden Sterne mit Malerkrepp im gewünschten Abstand waagrecht nebeneinander auf den Wolkenboden kleben. Das gibt später die Löcher zum Aufhängen der Garderobe.

6. Den Beton nach Packungsanweisung anrühren und die Form damit ausgießen. Sobald der Beton beginnt fest zu werden, die Schrauben der Möbelknäufe nach Belieben ganz gerade in den Beton stecken. Nach dem Aushärten die Form entfernen. Die einzelnen Möbelknäufe mit verschiedenfarbigem Lack ansprühen. Die nicht zu besprühenden Flächen dabei immer sorgfältig abkleben. Zum Schluss die Knäufe auf die Schrauben drehen.

7. Wer mag, kann die sichtbaren Aufhängelöcher auf der Vorderseite der Garderobe noch mit einer kleinen Menge Beton zuspachteln. Trocknen lassen und mit feinem Schleifpapier nachbearbeiten.

Tipp

Anstelle einer Wolke könnt ihr natürlich auch ein Herz oder einen Stern basteln – das Herstellungsprinzip bleibt gleich!

HEISSE MASCHE

Häkeln ist einfach Kult! Warum sollte dann nicht auch der Untersetzer aus Beton ein hübsch gehäkeltes Haute-Couture-Kleid bekommen?

★★

Material

- Schnell-Estrich, Wasser
- Holzstab, Rührschüssel
- kleiner Plastikteller
- feines Schleifpapier
- Wolle, passende Häkelnadel
- Schere

Tipp

Man kann auch ein zweites Deckchen häkeln und Ober- und Unterseite damit beziehen. Dafür einfach die Seiten beider Teile aneinanderhäkeln.

1. Beton nach Packungsanweisung anrühren und den kleinen Teller damit ausgießen. Gut trocknen lassen, vorsichtig aus der Form lösen und dann mit Schleifpapier schön glatt abschleifen.

2. Jetzt geht es ans Häkeln:

   a. Häkelt 6 Luftmaschen und schließt sie mit einer Kettmasche zum Ring.

   b. Anschließend 3 Luftmaschen häkeln, um die Höhe der Stäbchen zu erreichen. Dann häkelt ihr um den Ring 10 Stäbchen. Dann erneut 3 Steigeluftmaschen häkeln. In der nächsten Runde in jedes Stäbchen 2 Stäbchen häkeln.

   c. Jetzt 5 Luftmaschen häkeln, 1 Masche überspringen und die Luftmaschenkette in der nächste Masche mit einer Kettmasche festmachen. Wieder 5 Luftmaschen anschlagen usw.

   d. In der nächsten Runde häkelt ihr 7 Luftmaschen und befestigt die Kette mit einer um den in der vorherigen Runde gehäkelten Bogen geschlagenen Kettmasche. Wieder 7 Luftmaschen häkeln usw.

   e. Immer längere Luftmaschenketten häkeln und den Radius so erhöhen. So lange fortfahren, bis der Rand des Untersetzers erreicht ist.

3. In die äußersten Bögen Wollfäden einziehen und diagonal zueinander auf der Rückseite des Untersetzers spannen, sodass das Häkeltop stramm über dem Untersetzer liegt. Anschließend die Fäden verknoten.

SICHTBETON

In diesem Projekt vermischen sich Glas und Beton und bieten hübschen Kleinigkeiten Unterschlupf. Die Liaison ist zwar nur mit Geschick und ruhiger Hand zu erreichen – aber die Mühe lohnt sich!

★★★

Material

- Schnell-Estrich, Wasser
- Holzstab, Rührschüssel, Eimer oder Bottich mit Eiswasser
- 1,5-l-PET-Flasche, Glasflasche
- Glasschneider
- Baumwollkordel, Nagellackentferner (mit Aceton!), Feuerzeug, Schere
- sehr feines Nass-Schleifpapier (P320)
- Weinkorken, Pappbecher
- Cutter, Malerkrepp

1. Beginnt mit dem schwierigsten Teil - dem Zerschneiden der Glasflasche! Hier ist besonderes Geschick gefragt, denn ihr müsst mit dem Glasschneider eine exakt gerade Linie rund um die Flasche ritzen. Habt ihr das geschafft, ist der Rest ziemlich simpel: Wickelt die Baumwollkordel mehrmals rund um den Ritz, zieht sie fest und verknotet die Enden. Überstehende Enden knapp abschneiden und die Kordel mit Nagellackentferner tränken. Zündet diese dann an und taucht die Flasche in das Eiswasser, sobald die Flammen beginnen zu erlöschen. Das Oberteil mit der einen, das Unterteil mit der anderen Hand festhalten und gegeneinander drehen. Jetzt sollte die Flasche „knack" machen und in zwei Teile brechen. Wenn nicht, wiederholt den Heiß-kalt-Vorgang erneut.

2. Befeuchtet dann das Nass-Schleifpapier und schmirgelt damit die scharfen Kanten der Bruchstelle glatt.

3. Für den Deckel schneidet ihr eine 1,5-l-PET-Flasche oben ab, sodass eine nach unten breiter werdende Gussform bleibt. Dreht den Flaschendeckel ab und steckt einen passenden (abdichtenden) Weinkorken in die Öffnung.

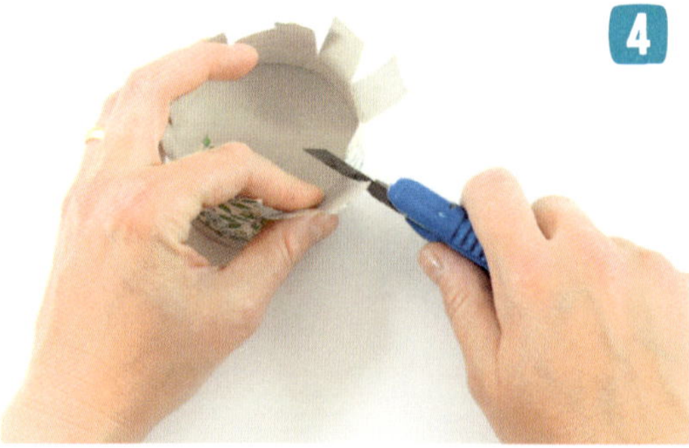

4. Den Pappbecher schneidet ihr etwa 6 cm vom oberen Rand entfernt ab und zeichnet euch 2 cm über dem unteren Rand eine Linie. Vom abgeschnittenen Rand bis zur Linie alle Zentimeter mit dem Cutter einschneiden.

5. Die so entstandenen Fransen klappt ihr nacheinander nach innen, sodass der Becher wieder einen Boden bekommt. Alles mit Malerkrepp abdichten und die Form auf die abgeschnittene Glasflasche stecken.

6. Die PET-Flasche mit dem Korken nach unten in einen weiteren Becher stellen, Beton nach Packungsanweisung anrühren und die PET-Flaschenform zu ¾ mit Beton füllen. Kurz anziehen lassen und dann die Glasflasche mit der Pappform in den Beton drücken. Fixieren, bis der Beton erstarrt ist.

7. Das Gussteil aus den Formen bzw. die Form aus dem Gussteil lösen und den Deckel auf das Glasflaschenteil setzen.

Tipp

Für eine einfachere Variante ohne Glasschneider und Gussform füllt ihr einen Pappbecher mit Beton und drückt anschließend den Schraubdeckel eines Marmeladenglases hinein. So erhält man ein Schraubglas mit Betondeckel!

TORTENPLATTE

Auf diesem wunderschönen Cake-Stand präsentiert ihr eure Törtchen, Kuchen und Quiches auf ganz hohem Niveau! So hat man im Nu einen einzigartigen Blickfang für den nächsten Kaffeeklatsch!

★

Material

- Schnell-Estrich, Wasser
- Holzstab, Rührschüssel
- Quiche- oder Tarteform aus Silikon, Plastikbecher
- Cutter, feines Schleifpapier
- Leinöl
- Acrylfarbe, Pinsel

Tipp

Auch ohne Fuß macht diese Tortenplatte eine gute Figur – z. B. als Servierbrett für Käse & Co!

1. Beton nach Packungsanweisung anrühren und die Tarteform vollständig damit ausgießen.

2. Danach füllt ihr den Plastikbecher zu ⅔ mit Beton. Beide Teile gut durchtrocknen lassen und dann aus den Formen schälen. Scharfe Kanten und Unebenheiten könnt ihr noch mit feinem Schleifpapier bearbeiten.

3. Nun müsst ihr die Platte und den Fuß miteinander verbinden. Dafür eine ganz kleine Menge Zement anrühren und mit dem Holzstab auf das schmalere Ende des Fußes geben. Platte mittig darauf setzen und wieder gut trocknen lassen.

4. Zum Schluss könnt ihr die Tortenplatte noch anmalen (bitte nur den Rand und den Fuß, da die meisten Farben nicht lebensmittelecht sind!) und/oder mit Leinöl einfetten.

FACETTENREICH

Raue, klobige Betonvasen lassen filigrane Blüten ganz besonders zart und lebendig wirken. Wie gut, dass sie so einfach nachzumachen sind. Da kann man gleich eine ganze Vasenfamilie gießen!

★★

Material

- Schnell-Estrich, Wasser, Sand
- Holzstab, Rührschüssel
- Milchtütenpapier
- Cutter, Lineal, Schneideunterlage, Malerkrepp, Schere
- Klopapierrollen oder kleine Glas- oder Plastikgefäße, z. B. Reagenzgläser
- Sprühfarben
- Vorlagen für die Formen, zum Download unter www.emf-verlag.de/beton

1. Druckt euch die Vorlagen für die verschiedenen Vasentypen aus und klebt die einzelnen Formen mit etwas Malerkrepp auf je ein passendes Stück Milchtütenpapier. Erst müsst ihr die gestrichelten Linien mit Cutter und Lineal leicht anritzen, dann schneidet ihr die Kontur aus.

2. Danach klebt ihr die jeweilige Form mit Malerkrepp zusammen. Die Klebelaschen liegen dabei immer außen, sodass die Oberfläche innen glatt bleibt. Die kleinen Pfeile und Nummern helfen euch bei der richtigen Zusammensetzung der Flächen.

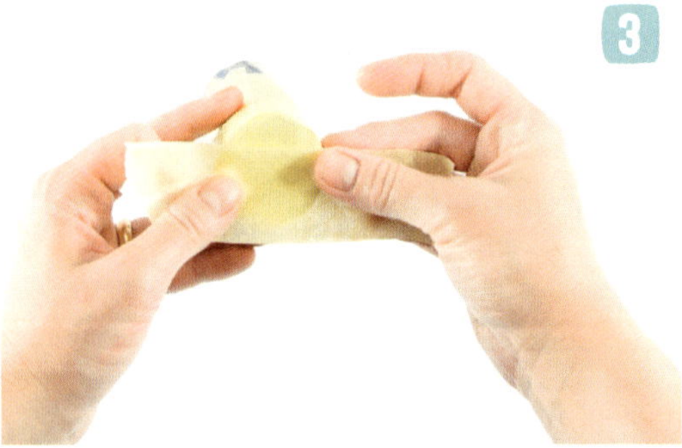

3. Stellt die Klopapierrolle auf ein kleines Stück Milchtütenpapier und zeichnet den Umriss ab. Vergrößert den Kreisdurchmesser um 1 cm und schneidet den Kreis aus. Schneidet mit der Schere vom Kreisrand bis zum abgezeichneten Kreis in kleinen Abständen ein. Diese Fransen klappt ihr nach oben und steckt den Kreis als Boden unten in die Klopapierrolle. Mit Malerkrepp umwickeln und ihn unten ca. 1 cm überstehen lassen. Fransen schneiden, auf den Boden klappen und festdrücken.

4. Die Rolle mit Sand füllen. Dann den Beton nach Packungsangaben anrühren und die Form damit zu ¾ ausgießen. Anschließend steckt ihr die Klopapierrolle mittig in den Beton und fixiert diese außen an der Form mit Malerkrepp, damit sie nicht wieder herausgedrückt wird. Für die schmalen Vasenformen eignen sich alternativ z. B. auch kleine Reagenzgläser anstelle von Klopapierrollen. Beachtet nur, dass diese nach dem Gießen nicht mehr aus der Form entfernt werden können.

5. Nach dem Aushärten die Form entfernen und die einzelnen Flächen der Vase mit verschiedenfarbigem Lack ansprühen. Die nicht zu besprühenden Stellen dabei immer sorgfältig abkleben.

6. Zusammen arrangiert werden die unterschiedlichen Vasentypen zu einem echten Hingucker!

Tipp

Setzt kleine Gefäße aus Glas oder Plastik, wie z. B. Schnapsgläser, in die Vertiefungen. So bleibt das Wasser, wo es ist!

HARTSCHALEN

Dieser Blumentopf ist ein echtes Einsteigerprojekt! Da fühlen sich die Topfpflanzen – drinnen wie draußen – gleich ganz zu Hause. Also, ran an die Pötte!

★

Material

- Schnell-Estrich, Wasser
- Holzstab, Rührschüssel
- Milchtüte, Plastikbecher
- feines Schleifpapier
- Cutter, Malerkrepp, Papier
- Goldspray

Tipp

Auch andere Lebensmittelverpackungen wie Joghurtbecher oder Getränkedosen lassen sich als Gussform verwenden.

1. Nehmt euch zuerst die Milchtüte vor und schneidet sie etwa bei der Hälfte in zwei Teile. Für die Form verwendet ihr nur den unteren Teil.

2. Sucht einen Plastikbecher heraus, welcher vom Durchmesser kleiner ist als die Milchtüte.

3. Beton nach Packungsanweisung anrühren und die Milchtüte zur Hälfte damit füllen. Wartet kurz, bis der Beton anfängt fest zu werden, dann drückt ihr den Plastikbecher mittig hinein.

4. Jetzt müsst ihr mindestens 24 Stunden warten, bis der Beton völlig ausgehärtet ist, dann könnt ihr das Milchtütenpapier einfach abziehen. Scharfe Kanten oder raue Stellen mit etwas feinem Schleifpapier glätten.

5. Klebt den oberen Teil des Pflanzentopfes mit Malerkrepp und Papier ab.

6. Jetzt sprüht ihr den Topf mit Goldspray ein, wartet, bis dieses getrocknet ist, und zieht das Malerkrepp dann wieder ab.

7. Et voilá! Nun könnt ihr den Topf bepflanzen!

BETONPERLEN

Diese dicken Betonperlen sind schnell und einfach herzustellen. Mit ein wenig Gold werden sie zu echten Hinguckern! Vorher müsst ihr allerdings ein paar Mini-Joghurts vernichten …

Material

- Schnell-Estrich, Wasser
- Holzstab, Rührschüssel
- Mini-Joghurtbecher
- Stanzeisen, Hammer
- Plastikstrohhalme, Malerkrepp, Schere
- Sprühfarbe, z. B. in Gold
- dünne, farbige Kordel oder Lederbändchen

Tipp

Besonders hübsch sieht es aus, wenn die Perlen unterschiedlich groß und dick sind. Dafür experimentiert ihr am besten mit verschiedenen Bechern und Füllhöhen.

1. Stanzt mit dem Stanzeisen mittig in den Boden des Joghurtbechers ein Loch, durch das der Strohhalm passt.

2. Dann steckt ihr den Strohhalm durch das Loch und lasst das Ende unten etwa 2 cm herausstehen.

3. Schneidet das Stück Strohhalm, das unten heraussteht, öfters bis zum Becherboden mit der Schere ein.

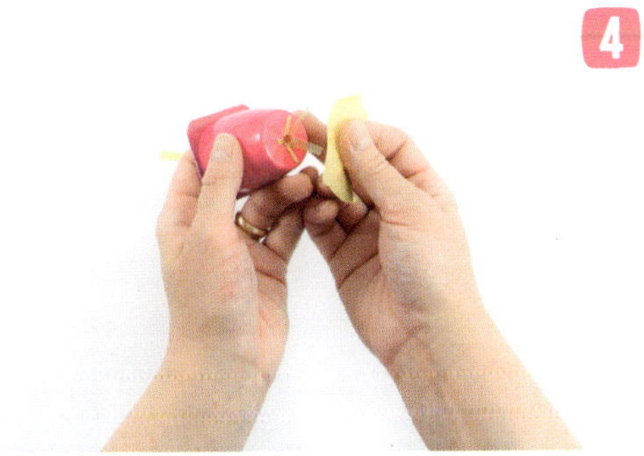

4. Knickt diese Fransen dann nach außen, sodass eine Sternform entsteht, und fixiert sie mit Malerkrepp. Das Loch sollte jetzt abgedichtet sein.

5. Nun gießt ihr den Becher mit Beton aus, den ihr zuvor nach Packungsangabe angerührt habt. Gut aushärten lassen und dann aus der Form lösen. Wer mag, sprüht noch einzelne Perlen mit Farbe an.

6. Fädelt die Betonperlen anschließend auf eine dünne, farbige Kordel oder ein Lederbändchen auf.

UNZERTRENNLICH

Diese zwei Ex-Pralinen ziehen sich magisch an und dienen gleichzeitig als unsichtbarer Kettenverschluss! Mit ein paar kecken Neonstreifen werden sie zum Statement-Piece der Saison.

★

Material

- Schnell-Estrich, Wasser
- Holzstab, Rührschüssel
- leere Pralinenverpackung
- 2 kleine Ösen
- 2 flache, starke Magnete
- feines Schleifpapier
- 2 kleine Metallringe
- dünne Gliederkette, Zange
- Acrylfarbe, sehr dünner Pinsel

Tipp

Die Magnete ziehen nicht nur sich gegenseitig an, sondern auch die Gliederkette. Wen das stört, sollte ein Lederband oder eine Textilkette verwenden.

1. Zuerst steckt ihr in zwei der Pralinenmulden von außen durch das Plastik mittig eine Öse.

2. Rührt ganz wenig Beton an und füllt die Mulden zur Hälfte damit. Wartet, bis der Beton angezogen hat, und legt dann auf beide Flächen einen flachen Magneten (die Magnete sollen sich anziehen und nicht abstoßen!). Gießt danach so viel Beton darüber, dass die Mulden ausgefüllt sind.

3. Nach etwa 24 Stunden könnt ihr die Teile vorsichtig aus den Formen lösen. Überstehende Kanten mit etwas Schleifpapier glätten

4. Anschließend hängt ihr mithilfe der Zange in jede Öse einen kleinen Metallring und daran je ein Ende der Gliederkette.

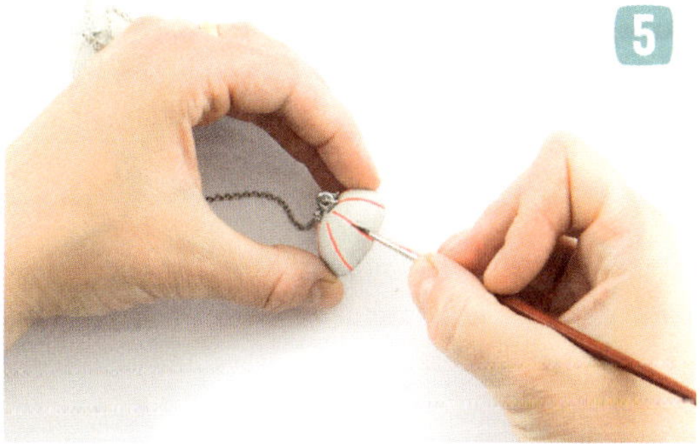

5. Mit Acrylfarbe könnt ihr nun z. B. noch einzelne Streifen betonen.

GÜLDENE OHRSTECKER

Dass Beton nicht immer schwer und klobig sein muss, beweisen diese kleinen Ohrstecker in Edelsteinoptik. Mit einem Hauch von Gold bringen sie jedes Outfit zum Strahlen!

★★

Material

- Schnell-Estrich, Wasser
- Holzstab, Rührschüssel
- Fimo® soft
- kleiner Plastikedelstein oder andere kleine Formen, z. B. Knöpfe
- feines Schleifpapier, Malerkrepp
- 2 Blanko-Ohrstecker zum Bekleben
- Zwei-Komponenten-Kleber
- Sprühfarbe in Gold

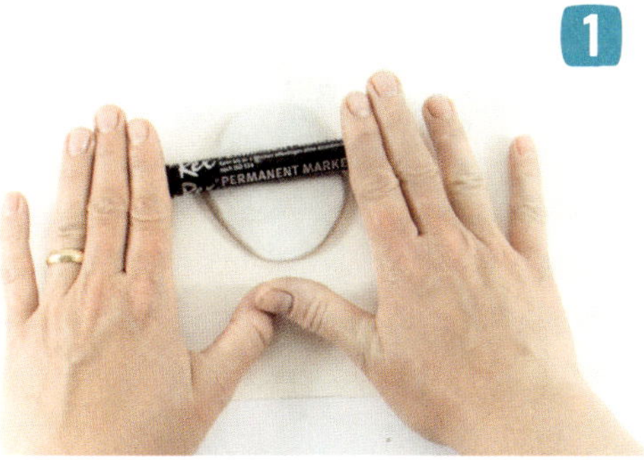

1. Knetet das Fimo® schön weich, rollt es dann z. B. mithilfe eines Stifts etwa 2 cm dick aus und teilt es in zwei gleich große Teile.

2. Dann drückt ihr den Plastikedelstein fest in die beiden Teile und hebt ihn vorsichtig wieder heraus, sodass ihr zwei perfekte Abdrücke des Steins habt. Mehrmals wiederholen.

3. Eine winzige Menge Beton anrühren und die Edelsteinmulden damit füllen. Beton aushärten lassen und die Betonedelsteine aus der Form lösen.

4. Eventuelle Unebenheiten könnt ihr jetzt noch mit etwas Schleifpapier glätten. Dann die Hälfte jedes Steins mit Malerkrepp abkleben. Dabei darauf achten, dass der mittige Klebebandrand ganz exakt ist und dicht am Stein anliegt.

5. Anschließend alles golden ansprühen. Nach dem Trocknen das Malerkrepp entfernen. Nun könnt ihr die Betonsteine mit Zwei-Komponenten-Kleber auf die Ohrstecker kleben.

ÜBER DIE AUTORIN

Ich bin Johanna und arbeite als freie Designerin, Grafikerin, Illustratorin und Autorin in Frankfurt am Main. Außerdem bin ich Mutter von zwei Kindern und leidenschaftliche Crafterin. Ich liebe Basteln, DIY, Handwerken, Stricken, Sticken und Nähen, aber noch mehr liebe ich es, meine Leidenschaft mit euch zu teilen! Auf meinem Blog www.johannarundel.de schreibe ich mehrmals die Woche, was mein kreatives Herz bewegt. Wenn ich nicht gerade in meinem Arbeitsraum herumwerkle, findet man mich meist hinter meinem Computer. Ich ziehe jedoch das Händische, Improvisierte und Einfache der virtuellen Welt vor und entwickle deshalb seit einiger Zeit hauptberuflich wunderschöne Ideen zum Nachmachen - so wie hier für euch! Viel Spaß beim Nachbasteln!

DANKE

Das größte Dankeschön gilt wie immer meiner Familie! Meinem Mann Jean und den Kindern für ihre Geduld mit meinem Bastelwahn, meiner lieben Mama für die vielen köstlichen Mittagessen und das Zuhören, meinem Vater für den Arbeitsraum und den Werkzeugfundus und meiner lieben Schwester Theresa für das Fotoequipment und die tatkräftige Shootingunterstützung. Außerdem würde es dieses Buch nicht geben, wenn meine Familie und Freunde mich nicht immer darin bestärkt hätten, meine Leidenschaft zum Beruf zu machen. Danke auch an die Erzieher/innen unserer Kita für die liebevolle tägliche Betreuung meiner Kinder, welche mir die nötige Zeit verschafft, um überhaupt an solchen Projekten zu arbeiten. Ein ganz besonderer Dank gilt all den treuen Lesern meines Blogs, die mir tagtäglich mit ihren netten Kommentaren das nötige Feedback geben, um weiterzumachen.